DISCOURS

DE

STANISLAS MELDON

AU PEUPLE,

SUR

La Réforme électorale.

PARIS,

BENJAMIN PRÉCIEUX,

LIBRAIRE-ÉDITEUR, QUAI VOLTAIRE, No 21.

1839.

Imprim. de MIGNERET, rue du Cherche-Midi, 58.

DISCOURS

SUR LA

RÉFORME ÉLECTORALE.

———

Citoyens,

Qui est-ce qui s'indigne aujour-
d'hui du mépris voué à la Patrie? qui-
est-ce-qui tonne contre les fauteurs
de sa dégradation? les sots, comme
disent les diplomates qui détestent le
sentiment politique. Qui oserait mon-
trer du doigt tous ces Tyroliens de

l'état qui, la nuit, engraissent leurs poignards dans les entrailles de la Patrie, et qui, le jour, solliciteux sur ses blessures, s'enquièrent des coupables qu'ils font rechercher soigneusement, partout où ils ne sont pas, par leurs sbires. Les hypocrites ! . . Si quelqu'un cependant les montrait du doigt, qui-est-ce qui oserait ? . .

. . . .

La France ne revient pas de se trouver sitôt abandonnée !

Citoyens, la Patrie était-elle donc un joug aussi ?

Citoyens, je ne suis pas content de vous; il ne faut jamais regarder en arrière pour voir le chemin qu'on a fait, et vous, après le grand trajet de la révolution, vous vous êtes dit : Reposons-nous un peu. Vous avez voulu vous relever en 1830; vous étiez trop las; rien ne fatigue plus que de se reposer en route.

Courage cependant, bons citoyens! courage si vous êtes encore français ! il ne faut qu'un moment pour vous couvrir de gloire aux yeux de l'Europe qui vous regarde.

Parlons maintenant simplement entre nous de la Patrie et des affaires.

Pour vous, Messieurs de la haute
volée politique, si ces feuilles arri-
vent jusqu'à vous, n'y cherchez pas,
je vous prie, des paroles savantes. Je
ne sais pas, comme vous, tâter de sang-
froid le pouls de mon pays, et il est
tout-à-fait en dehors de ma manière
d'être de considérer de sanglantes
blessures sans être ému, sans crier
tout haut: vengeance aux meurtriers,
à ceux qui ont glissé des stylets dans
l'ombre. N'attendez pas non plus des

chefs-d'œuvre d'éloquence. Vous ne
savez pas, froids médecins de la Patrie, gens payés pour discuter sur son
tombeau; vous ne savez pas que c'est
déjà beaucoup de se contenir et d'ar-
ticuler quelques paroles, quand un
mélange de haine et de douleur cou-
pe la voix! . . . Alors, tranquilles diplomates, on courrerait plus tôt s'en-
fermer entre ces citadelles, qui, mal-
gré votre stoïque indifférence, vous
font parfois trembler; entre les bar-
ricades où le peuple meurt; rien que
cela! Le sang fut-il donc jamais plus

stérile ? quels temps ! vieux héros de Gaule, levez-vous, nos Pères, du tombeau ! en mourant nous ne faisons rien pour la Patrie, et l'oppression seule assurée assiste aux combats livrés pour elle, comme à des jeux de gladiateurs ; elle crie, audacieuse comme Néron : «Courage aux combattans,» du haut de son char ; et, quand ils sont tous vaincus, elle s'éloigne du spectacle en éclatant de rire.

Oh! oh! quels temps !

Messieurs, il me serait impossible de discuter gravement comme vous!

Citoyens, nous avons été considé-
rablement trompés en juillet. Ils nous
ont encore appris que le peuple avait
trop de clémence ; ils apprendront à
leur tour que s'il est facile d'abuser
par la ruse, vient une heure où la
tromperie se découvre, où les forge-
rons de la tyrannie se brûlent à leurs
fers.

Je vous le demande : était-ce pour
l'état de choses que nous déplorons,
que vous combattîtes en 1830 ? que
demandiez-vous alors ? était-ce un
nouveau nom pour couvrir le pou-

voir dont vous renversiez le Principe en établissant celui de votre souveraineté ? étiez-vous résolus, en prouvant par la mort votre puissance, de l'aliéner au même instant ? entrait-il dans votre logique de proclamer hautement vos droits pour vous contenter de ne pas les obtenir ? expliquez-vous. Si vous saviez ce que vous faisiez, la raison vous a donc subitement quittés, puisqu'aussitôt le principe de vos droits proclamé, aussitôt violé? qui vous coupa la parole lorsqu'on vous dit, tout bas, assez haut cependant pour que vous puissiez encore entendre : « Voilà une monarchie que vous établissez, et qui relève de vous ; » tandis que vous n'établissiez pas cette monarchie, et qu'elle était contraire à vos droits? quelques soulèvements, il est vrai, eurent lieu, et furent rapidement réprimés par le gouvernement nouveau qui vous apprit fièrement que la voix du peuple, dont il avait fait préalablement usage, ne lui convenait plus le moins du monde. On vous a fait regretter d'avoir combattu !

Il est vrai que sur les corps-de-garde, chacun put lire : liberté, égalité, ordre public; mais où était cette liberté ? dans les lois de septembre; où était cette égalité ? dans le maintien des distinctions, dans la différence des droits; en quoi consistait cette égalité ? en ce que la fortune donnait seule le pouvoir d'être partie active dans l'état, et le cens électoral fut seulement un peu abaissé. Après tout les droits de ceux qui avaient censé établi le nouvel ordre de choses, furent méconnus dans le gouverne-

ment qui avait bien voulu reconnaître la légalité de leur vote, lorsqu'il
s'agissait d'en profiter ; oú était enfin
cet ordre ? Citoyens, cet ordre était
dans votre silence.

Vous vous taisiez, vous approu-
viez ; donc, vous n'avez pas droit de
vous plaindre ! n'écoutez pas ceux
qui vous prennent par là ; ne vous
êtiez-vous pas tus pendant la restau-
ration, et cependant qui vous a con-
testé, après les trois journées, le droit
et le pouvoir de vous plaindre ? De-
mandez au roi s'il a trouvé raisonna-

bles les grosses plaintes que vous avez faites à Charles X; loin de les taxer d'inconséquence, il a bien voulu, je crois, les considérer comme un argument très-plausible. Sitôt donc qu'il vous plaira de raisonner envers lui suivant votre ancienne méthode, le roi d'aujourd'hui, conséquent avec lui-même, le trouvera bon.

Mais il ne s'agit pas ici de raisonner envers vous, sire comme envers Charles X. Nous ne sommes point hostiles à votre égard, et quoique, selon leur coutume, les d'Orléans meurent à peu près à votre âge, nous ne nous inquiétons pas d'avance des mesures à prendre, pour que votre fils, qui sans doute n'a pas votre grande capacité, vous succède sur le trône; ce qui pourra bien ne pas lui arriver davantage que de vous succéder au cabinet.

Je le répète nous ne sommes point hostiles à votre égard, et je veux seulement user ici de ce droit que vous reconnûtes au peuple en juillet, pour vous représenter, moi citoyen, ce que ma conscience et mes devoirs en-

vers mon pays m'ordonnent de pu-
blier sur les toits.

Permettez-moi donc certaines petites observations.

Vous n'êtes pas, Sire, la France à
vous seul, et je crois que les Citoyens
seuls sont la France ; si donc vous
n'êtes pas la France, vous n'êtes pas
non plus sa volonté ; et, si vous n'êtes
pas sa volonté, nul doute qu'il vous
soit défendu de repousser les deman-
des que les citoyens présentent au
nom du pays. Nous avons donc droit
d'attendre de vous, non pas un appui

qui nous est inutile, mais le libre exercice d'une certaine puissance. Instruit d'ailleurs sur son principe, vous devez au moins reconnaître la souveraineté qui vous a fait roi, et puisqu'en 1830, cette souveraineté a dû être légale, selon vous-même, elle ne cesse pas de l'être en 1838; et la demande exposée dans la présente année, doit donc avoir à vos yeux ce caractère de justice inviolable dont l'oubli vaut une chûte semblable à celle qui vous a fait monter où vous êtes.

Remarquez, en passant, que dans

l'état actuel se trouvent amassées des causes inévitables de révolution. Deux choses en sont venues à ce point où le choc a lieu: le gouvernement est contraire aux droits que la nation proclame, les droits de la nation sont contraires au gouvernement. Or, l'expérience prouve, que dans cet état de choses, l'un des deux combattans le cède, et sans prédire qui cédera, lequel des deux, du peuple ou du roi, doit céder ? est-ce le peuple qui est la France et qui en a la volonté ? est-ce le roi qui ne l'a pas ?...

La réforme électorale, principal objet du contact, s'établira par la force même des tendances, et le peuple en viendra à ses fins.

A propos de ces fins, comme quelques mal intentionés pourraient comprendre que j'excite à la révolte, je proteste contre toute interprétation de ce genre. Citoyens, je ne vous excite pas à la révolte !.. révolte est un vieux mot qui n'est plus français; en demandant la réforme électorale vous ne vous révoltez pas, c'est le libre exercice de votre pouvoir; et si vous

vous révoltiez en cela, le gouvernement actuel serait donc basé sur la révolte ?...

Citoyens, n'avez-vous pas tous des droits à représenter, ne concourez-vous pas tous à la masse des intérêts communs ? que signifie donc que vous ne soyez pas tous électeurs ? quel principe légal peut établir entre vous la distinction de ceux qui doivent l'être ? La propriété et un cens unique ? mais en même temps que rien ne peut déterminer le taux de ce cens, il se trouve que ceux qui y at teignent ne représentent que leurs intérêts propres ; et il suit de là que la masse qui ne s'élève pas au cens n'est point représentée, que ses intérêts et ses droits sont de côté ; c'est-à-dire que les intérêts les plus nombreux sont ceux qui n'obtiennent aucune justice.

Qui justifie cette corruption profitable au plus petit nombre ? Donnez des entorses aux lois, cherchez. Si le cens électoral à 200 fr. suffit après avoir été fixé à 300, pourquoi ? et par la même raison, qui a permis de le

baisser, ne peut-il descendre à 50 fr.,
même au-dessous, afin que le plus
grand nombre trouve des garanties
pour ses intérêts ? Rien n'empêche, il
me semble, et cela même serait juste.
Car, après tout, la plus petite propriété a le même droit d'être représentée que la plus grande; et elle
doit l'être par le même principe qui
fait que la plus grande est représentée. Si vous abaissiez enfin le cens
électoral en faveur des petites propriétés, pourquoi ne pas l'abaisser á
toute propriété ? pourquoi ? parce

que vous posez cette maxime : le plus intéressé a le plus de droits...

Citoyens, il y a tyrannie dans ce principe !...

Je demande maintenant ce qu'on appelle intérêt ? est-ce la propriété foncière seule ? ne reconaissez-vous d'autre propriété que celle-la ? Si vous ne reconnaissez que cette propriété, vous êtes déjà atteints de ne pas reconnaître les droits de toute propriété foncière, quellequ'elle soit, et de n'accorder des privilèges qu'à la grande. Pourquoi ne reconaissez-vous maintenant que la propriété foncière seule ? le talent de l'artiste, la science de l'un, l'industrie de l'autre, la journée de ce dernier, sont de véritables propriétés qui ont aussi de grands intérêts à représenter. Pourquoi ces propriétés sont elles exclues ? Ne concourrent-elles pas à la masse des intérêts nationaux ? Pourquoi leur concours est-il méconnu ? Quel droit, nommez-le, autorise á le méconnaître ? Est-ce le droit des gens qui vous condamne ? Il y a là tyrannie, haute injustice !

Tout citoyen n'est-il pas du pays ? pourquoi tout citoyen ne peut-il y exercer l'influence que lui donnent ses droits ? et s'il n'y exerce pas son influence, à quoi bon compter un membre oisif ? quel droit avez-vous de paralyser ce membre ?

Mais, direz-vous, il n'offre aucune garantie. Je le crois bien, vous les lui avez ôtées toutes. Mais par vos captieuses combinaisons, vous avez obtenu ce résultat inattendu : il demeure évident qu'en posant la maxime du plus intéressé, vous établissez

que le plus petit nombre seul a des
droits. C'est bien. Mais sur quel principe êtes-vous donc basé maintenant,
Sire ? Si le plus petit nombre seul a
des droits, votre pouvoir est illégal ,
puisqu'il relève selon vous-même du
plus grand nombre qui n'en a pas !
Ou vous avez renié le principe de
juillet, ou vous le considérez comme
juste. Si vous l'avez renié, la nation
vous refuse obéissance; tout pacte
cesse avec ses conditions. Si vous le
considérez comme juste, comment
s'expliquer que vous ayez refusé ses

conséquences qui consistent précisé-
ment dans le contraire du droit électoral, tel que vous l'avez confirmé ?
et puisque vous n'avez pas tenu les
conditions, le pacte n'est-il pas violé,
et par conséquent les rapports sont
détruits.

Sans doute, je ne veux pas donner
à cette observation toute simple l'ex-
tention qu'elle semblerait pouvoir attendre. Que ce soit avec ordre que la
question proposée se décide ; surtout
que la demande conserve à tous les
regards son caractère et son poids !

Représentans de la nation, songez que la volonté du peuple qui pèse sur vos têtes est inviolable comme la justice, et forte comme la vérité. Réfléchissez aussi aux dangers d'une volonté long-temps contenue, lorsqu'elle éclate et secoue l'obéissance ! vous pouvez prévenir de grands malheurs, conserver la vie à plusieurs, éviter une révolution. Mais si infidèles à votre mandat, vous représentez le roi au lieu du peuple ; oh ! l'indignation sans bornes, avec son bras terrible, vengera, n'en doutez pas, la

Patrie des affronts dont on l'abreuve
sur la tête de tous les petits tyrans.
Envain alors mettriez-vous la guillotine hors la loi; car la guillotine sans
se gêner, mettrait les têtes de députés,
de pairs, de ministres, et de tous les
et cœtera de la monarchie, dans le sac.
Que Dieu détourne de tels jours, où
la mort est partout, mais dont les
suites ne meurent jamais! et vous, Sire
à votre âge les ambitions royales doivent cesser; la tombe exerce d'avance
ses effets sur les passions de l'homme.
Mettez donc de côté, d'oppressives

espérances afin de rendre au peuple le droit qui lui appartient et qu'il réclame. Je vous le dis, Sire, il y a aujourd'hui quelque chose en France qui pourrait se dresser contre vous : les partis se sont tus depuis longtemps ; dites, ils sont terribles ?....

Oui nous sommes terribles citoyens, comme nos droits que l'audace et la tyrannie oseront peut-être nous contester ! oui, nous sommes terribles ! car nous n'avons rien dit depuis.... mais le premier mot sera un grand coup ; gare à ceux qui se trouveront

sous le levier, ils ne se relèveront
pas entiers !

Citoyens, si nos droits sont méconnus, la Patrie est en danger! Soyons
donc uns pour la défendre. Réforme
électorale! voilà notre volonté. Vaincre est le mot d'ordre que nous
ont donné les braves qui sont morts,
en disant : vaincre ou mourir.

Paris, ce 25 décembre 1838.